# Parábolas de Jesús
# Para niños y Grandes

V. Valenzuela

ISBN-13:978-1497425729
ISBN-10:1497425727

# DEDICADO

Para todos los niños de la escuela sabática.

# CONTENIDO

-"y dijo: De cierto os digo, que si no os volvéis y os hacéis como niños, no entraréis en el reino de los cielos." Mateo 18:3

-"En aquel tiempo, respondiendo Jesús, dijo: Te alabo, Padre, Señor del cielo y de la tierra, porque escondiste estas cosas de los sabios y de los entendidos, y las revelaste a los niños." Mateo 11:25.

# Que es una parábola

Es un relato sencillo de un hecho real o imaginario, tiene la función de comparar una realidad conocida con otra desconocida. Puede causar sorpresa en su conjunto o en sus detalles e invita a pensar y a replantear actitudes y conductas. Su principal finalidad es hacer reflexionar al que la escucha sobre su forma de vida y de su actuar.

Las parábolas tienen  como características que son narraciones cortas y sencillas de tal manera que puedan ser entendidas por todos.

En las siguientes paginas encontrara las parábolas más importantes contadas por Jesús, con ilustraciones dedicas en especial para que los más pequeños las puedan entender. Al igual cada parábola contiene una interpretación de su significado. En un lenguaje sencillo para que sean comprendidas por los más pequeños.□

# Parábola: La oveja Perdida

"Él entonces les contó esta parábola: "Supongamos que uno de ustedes tiene cien ovejas y pierde una de ellas..

¿No deja las noventa y nueve en el campo, y va en busca de la oveja perdida hasta encontrarla? Y cuando la encuentra, lleno de alegría la carga en los hombros y vuelve a la casa.

Al llegar, reúne a sus amigos y vecinos, y les dice: Alégrense conmigo; ya encontré la oveja que se me había perdido. Les digo que así es también en el cielo: habrá más alegría por un solo pecador que se arrepienta, que por noventa y nueve justos que no necesitan arrepentirse" (Lucas 15:3-7).

*Interpretación: Somos como ovejas, y Dios es el buen pastor en ocasiones nos portamos mal y nos perdemos del rebaño. Esto pone triste a Dios, y sale en busca de nosotros. Él nos sigue llamando para que encontremos el camino hacia él. Tanto nos ama que envió a su hijo Jesús para salvar a sus ovejas perdida".*

# Parábola del Sembrador

Aquel día, Jesús salió de la casa y se sentó a la orilla del lago. Como mucha gente se le acercó, él se subió a una barca y se sentó, mientras que la gente se quedó en la playa. Entonces les habló por parábolas de muchas cosas. Les dijo: «El sembrador salió a sembrar. Al sembrar, una parte de las semillas cayó junto al camino, y vinieron las aves y se la comieron. Otra parte cayó entre las piedras, donde no había mucha tierra, y pronto brotó, porque la tierra no era profunda; pero en cuanto salió el sol, se quemó y se secó, porque no tenía raíz. Otra parte cayó entre espinos, pero los espinos crecieron y la ahogaron. Pero una parte cayó en buena tierra, y rindió una cosecha de cien, sesenta, y hasta treinta semillas por una. El que tenga oídos para oír, que oiga. (Mateo 13:1-9)

*Explicación: La simiente es la Palabra de Dios. Los del borde del camino, son los que han oído; después viene el diablo y se lleva de su corazón la Palabra, no sea que crean y se salven. Los del terreno pedregoso son los que, al oír la Palabra, la reciben con alegría; pero éstos no tienen raíz; creen por algún tiempo, pero a la hora de la prueba desisten. Lo que cayó entre los abrojos, son los que han oído, pero a lo largo de su caminar son ahogados por las preocupaciones, las riquezas y los placeres de la vida, y no llegan a madurez. Lo que en buena tierra, son los que, después de haber oído, conservan la Palabra con corazón bueno y recto, y dan fruto con perseverancia. (Mateo 13:18-23)*

## Parábola de los talentos

En aquel tiempo, dijo Jesús a sus discípulos esta parábola: Un hombre que se iba al extranjero llamó a sus siervos y les encomendó su hacienda: a uno dio cinco talentos, a otro dos y a otro uno, a cada cual según su capacidad; y se ausentó. Enseguida, el que había recibido cinco talentos se puso a negociar con ellos y ganó otros cinco. Igualmente el que había recibido dos ganó otros dos.

En cambio el que había recibido uno se fue, cavó un hoyo en tierra y escondió el dinero de su señor. Al cabo de mucho tiempo, vuelve el señor de aquellos siervos y ajusta cuentas con ellos. Llegándose el que había recibido cinco talentos, presentó otros cinco, diciendo: Señor, cinco talentos me entregaste; aquí tienes otros cinco que he ganado. Su señor le dijo: ¡Bien, siervo bueno y fiel!; en lo poco has sido fiel, al frente de lo mucho te pondré; entra en el gozo de tu señor. Llegándose también el de los dos talentos dijo: Señor, dos talentos me entregaste; aquí tienes otros dos que he ganado. Su señor le dijo: ¡Bien, siervo bueno y fiel!; en lo poco has sido fiel, al frente de lo mucho te pondré; entra en el gozo de tu señor.

Llegándose también el que había recibido un talento dijo: Señor, sé que eres un hombre duro, que cosechas donde no sembraste y recoges donde no esparciste. Por eso me dio miedo, y fui y escondí en tierra tu talento. Mira, aquí tienes lo que es tuyo. Mas su señor le respondió: Siervo malo y perezoso, sabías que yo cosecho donde no sembré y recojo donde no esparcí; debías, pues, haber entregado mi dinero a los banqueros, y así, al volver yo, habría cobrado lo mío con los intereses. Quitadle, por tanto, su talento y dádselo al que tiene los diez talentos. Porque a todo el que tiene, se le dará y le sobrará; pero al que no tiene, aun lo que tiene se le quitará. Y a ese siervo inútil, echadle a las tinieblas de fuera. Allí será el llanto y el rechinar de dientes. (Mateo 25:14-30)

Interpretación: Dios es el Señor y nosotros somos sus siervos. Los talentos que en esta historia se dan son en forma de dinero. Dios nos ha dado también otra clase de talentos, Dios nos creó y nos dio dones especiales (el don de cantar, el don de compartir, el don de enseñar, etc.) , y espera que los usemos con el propósito para el cual nos hizo. No debemos de guárdalos, el espera que los usemos y le saquemos provecho, sino Dios nos quitara esos talentos y se los dará a otros, para que lo utilicen en el servicio de Dios.

# Parábola del Rico Glotón y Lázaro el Mendigo

Había un hombre rico que se vestía con ropa finísima y comía regiamente todos los días. Había también un pobre, llamado Lázaro, todo cubierto de llagas, que estaba tendido a la puerta del rico. Hubiera deseado saciarse con lo que caía de la mesa del rico, y hasta los perros venían a lamerle las llagas. Pues bien, murió el pobre y fue llevado por los ángeles al cielo junto a Abraham. También murió el rico, y lo sepultaron.

Estando en el infierno, en medio de los tormentos, el rico levantó los ojos y vio a lo lejos a Abraham y a Lázaro con él en su regazo. Entonces gritó: Padre Abraham, ten piedad de mí, y manda a Lázaro que moje en agua la punta de su dedo y me refresque la lengua, porque me atormentan estas llamas.

Abraham le respondió: Hijo, recuerda que tú recibiste tus bienes durante la vida, mientras que Lázaro recibió males. Ahora él encuentra aquí consuelo y tú, en cambio, tormentos. Además, entre ustedes y nosotros hay un abismo tremendo, de tal manera que los que quieran cruzar desde aquí hasta ustedes no pueden hacerlo, y tampoco lo pueden hacer del lado de ustedes al nuestro.

El otro replicó: Entonces te ruego, padre Abraham, que envíes a Lázaro a la casa de mi padre, a mis cinco hermanos: que vaya a darles su testimonio para que no vengan también ellos a parar a este lugar de tormento. Abraham le contestó: Tienen a Moisés y a los profetas: que los escuchen. El rico insistió: No lo harán, padre Abraham; pero si alguno de entre los muertos fuera donde ellos, se arrepentirían.

Abraham le replicó: Si no escuchan a Moisés y a los profetas, aunque resucite uno de entre los muertos, no se convencerán. (Lucas 16, 19-31)

*Interpretación: La riqueza y la pobreza son cosas pasajeras, solo el seguir los mandamientos de Dios nos da la vida eterna. Hay que amar al prójimo cuando estemos con vida porque después ya no habrá perdón en la muerte.*

## Parábola de los dos hijos

Pero ¿qué os parece? Un hombre tenía dos hijos, y acercándose al primero, le dijo: Hijo, vé hoy a trabajar en mi viña. Respondiendo él, dijo: No quiero; pero después, arrepentido, fue.

Y acercándose al otro, le dijo de la misma manera; y respondiendo él, dijo: Sí, señor, voy. Y no fue.

¿Cuál de los dos hizo la voluntad de su padre? Dijeron ellos: El primero. Jesús les dijo: De cierto os digo, que los publicanos y las rameras van delante de vosotros al reino de Dios.

Porque vino a vosotros Juan en camino de justicia, y no le creísteis; pero los publicanos y las rameras le creyeron; y vosotros, viendo esto, no os arrepentisteis después para creerle. (Mateo 21:28-32)

*Interpretación: Jesús desea que nos demos cuenta de que de nada vale que digamos que "Si", pero al final no hacemos lo que él nos ha enseñado y ordenado. El desea que cuando nos dice "Ámense los unos a los otros", no solamente lo digamos de palabra, sino que lo demostremos con hechos.*

## Parábola del siervo despiadado

Pedro se acercó a Jesús y le preguntó: Señor, ¿cuántas veces tengo que perdonar a mi hermano que peca contra mí? ¿Hasta siete veces? —No te digo que hasta siete veces, sino hasta setenta y siete veces —le contestó Jesús—.

Por eso el reino de los cielos se parece a un rey que quiso ajustar cuentas con sus siervos. Al comenzar a hacerlo, se le presentó uno que le debía miles y miles de monedas de oro. Como él no tenía con qué pagar, el señor mandó que lo vendieran a él, a su esposa y a sus hijos, y todo lo que tenía, para así saldar la deuda. El siervo se postró delante de él. "Tenga paciencia conmigo —le rogó—, y se lo pagaré todo." El señor se compadeció de su siervo, le perdonó la deuda y lo dejó en libertad.

Al salir, aquel siervo se encontró con uno de sus compañeros que le debía cien monedas de plata. Lo agarró por el cuello y comenzó a estrangularlo. "¡Págame lo que me debes!", le exigió. Su compañero se postró delante de él. "Ten paciencia conmigo —le rogó—, y te lo pagaré." Pero él se negó. Más bien fue y lo hizo meter en la cárcel hasta que pagara la deuda.

Cuando los demás siervos vieron lo ocurrido, se entristecieron mucho y fueron a contarle a su señor todo lo que había sucedido. Entonces el señor mandó llamar al siervo. "¡Siervo malvado! —le increpó—. Te perdoné toda aquella deuda porque me lo suplicaste. ¿No debías tú también haberte compadecido de tu compañero, así como yo me compadecí de ti?" Y enojado, su señor lo entregó a los carceleros para que lo torturaran hasta que pagara todo lo que debía.

Así también mi Padre celestial los tratará a ustedes, a menos que cada uno perdone de corazón a su hermano. (Mateo: 18, 23-35)

*Interpretación: Aquí nos habla de la piedad, misericordia y perdón que debemos tener con nuestro prójimo, así como Dios perdona nuestras deudas, así nosotros debemos perdonar a nuestros deudores, si no el castigo que nos depara será más grande que el cometido contra ellos.*

## Parábola del tesoro escondido

"El Reino de los Cielos se parece a un tesoro escondido en el campo: el que lo encuentra lo vuelve a esconder, y, lleno de alegría, va a vender todo lo que tiene y compra el campo". (Mateo 13, 44)

*Interpretación: El tesoro escondido es la palabra de Dios, que cuando llega a nuestros corazones, debemos estar tan llenos de alegría y gozo, que estamos dispuestos de dejarlo todo por mantenerlos en la presencia de Dios y obtener la salvación. O sea preferimos dejar todas las riquezas terrenales por obtener las riquezas del reino de Dios.*

## Parábola del a Red

Jesús prosiguió relatando parábolas: El Reino de los Cielos es semejante a una red que, echada en el mar, recoge toda clase de peces y, una vez llena, la sacan a la orilla y, sentados, recogen lo bueno en cestas y lo malo echan fuera… Así será al final: saldrán los ángeles y apartarán a los malos entre los justos y los echarán al horno de fuego en donde será el lloro y el crujir de dientes. (Mateo 13:47-50)

*Interpretación: En esta parábola Jesús nos enseña que Dios está buscando tanto a los buenos como a los malos, pero él no quiere que los malos sigan siendo malos, él les da un tiempo para cambiar y finalizado el tiempo dado, cuando llegué el juicio final, el guardará a los buenos, y los Ángeles aparataran a los malos echándoles al horno de fuego eterno.*

## Parábola de los jornaleros contratados

El reino de los cielos puede compararse al amo de una finca que salió una mañana temprano a contratar jornaleros para su viña. Convino con los jornaleros en pagarles el salario correspondiente a una jornada de trabajo, y los envió a la viña. Hacia las nueve de la mañana salió de nuevo y vio a otros jornaleros que estaban en la plaza sin hacer nada. Les dijo: "Id también vosotros a la viña. Os pagaré lo que sea justo". Y ellos fueron. Volvió a salir hacia el mediodía, y otra vez a las tres de la tarde, e hizo lo mismo.

Finalmente, sobre las cinco de la tarde, volvió a la plaza y encontró otro grupo de desocupados. Les preguntó: "¿Por qué estáis aquí todo el día sin hacer nada?". Le contestaron: "Porque nadie nos ha contratado". Él les dijo: "Pues id también vosotros a la viña".

Al anochecer, el amo de la viña ordenó a su capataz: "Llama a los jornaleros y págales su salario, empezando por los últimos hasta los primeros".

Se presentaron, pues, los que habían comenzado a trabajar sobre las cinco de la tarde y cada uno recibió el salario correspondiente a una jornada completa. Entonces los que habían estado trabajando desde la mañana pensaron que recibirían más; pero, cuando llegó su turno, recibieron el mismo salario. Así que, al recibirlo, se pusieron a murmurar contra el amo diciendo: "A estos que sólo han trabajado una hora, les pagas lo mismo que a nosotros, que hemos trabajado toda la jornada soportando el calor del día".

Pero el amo contestó a uno de ellos: "Amigo, no te trato injustamente. ¿No convinimos en que trabajarías por esa cantidad? Pues tómala y vete. Si yo quiero pagar a este que llegó a última hora lo mismo que a ti, ¿no puedo hacer con lo mío lo que quiera? ¿O es que mi generosidad va a provocar tu envidia?".

Así, los que ahora son últimos serán los primeros, y los que ahora son primeros serán los últimos. (Mateo 20:1-16)

*Interpretación: Esta parábola nos enseña que Dios llama a todos a trabajar en su evangelio para ganar almas para él, ya que él desea que todos tengamos las mismas oportunidades sin importar si eres el primero o el último en ponerte a su servicio, ya que nos ha prometido un pago justo a todos. Y este pago es el de la vida eterna.*

## Parábola de la mujer y el dracma

¿Qué mujer que tiene diez dracmas, si pierde una, no enciende una lámpara y barre la casa y busca cuidadosamente hasta que la encuentra? Y cuando la encuentra, convoca a las amigas y vecinas, y dice: "Alégrense conmigo, porque he hallado la dracma que había perdido. Os digo que así se alegrarán los ángeles de Dios por un pecador que se arrepiente." (Lucas 15, 8-10)

*Interpretación: En esta ocasión Jesús nuevamente nos enseña acerca de la importancia que un solo pecador tiene por insignificante que parezca. Dios quiere la salvación de lo perdido, porque le pertenece y cuando lo halla hasta los ángeles del cielo se alegran.*

## Parábola del grano de mostaza

"El Reino de los Cielos es semejante a un grano de mostaza que un hombre sembró en su campo. Es la menor de todas las semillas, pero después de haber crecido, es la mayor de todas las hortalizas y llega a transformarse en un árbol, de modo que las aves del cielo anidan en sus ramas" (Mt 13, 31-32).

*Interpretación: Jesús nos da entender que el reino de los cielos comenzó como la semilla de mostaza, con pequeños grupos casi imperceptibles, pero a lo largo de los tiempos la fe en Dios ha crecido y seguirá creciendo convirtiéndose en la más grande de las religiones del mundo, cobijando cada vez a más fieles cuyas almas llegan al cielo.*

## Parábola de los cimientos

Cualquiera, pues, que me oye estas palabras, y las hace, le compararé a un hombre prudente, que edificó su casa sobre la roca. Descendió lluvia, y vinieron ríos, y soplaron vientos, y golpearon contra aquella casa; y no cayó, porque estaba fundada sobre la roca. Pero cualquiera que me oye estas palabras y no las hace, le compararé a un hombre insensato, que edificó su casa sobre la arena; y descendió lluvia, y vinieron ríos, y soplaron vientos, y dieron con ímpetu contra aquella casa; y cayó, y fue grande su ruina. Y cuando terminó Jesús estas palabras, la gente se admiraba de su doctrina; porque les enseñaba como quien tiene autoridad, y no como los escribas. (Mateo 7:24-29)

*Interpretación: Existen personas que son iguales que la casa sobre la arena, no soportan la dificultades de la vida o las tentaciones, escuchan las palabras de Jesús pero no las cumplen y se desmoronan porque no tienen el fundamento que es Jesús. Otras personas son como la casa construida sobre la roca. Creen en la palabra de Dios, siguen sus mandamientos, y por eso cuando llegan los problemas están firmes. El fundamento de nuestra vida debe ser Jesús.*

## Parábola del trigo y la cizaña

Les refirió otra parábola, diciendo: El reino de los cielos es semejante a un hombre que sembró buena semilla en su campo; pero mientras dormían los hombres, vino su enemigo y sembró cizaña entre el trigo, y se fue. Y cuando salió la hierba y dio fruto, entonces apareció también la cizaña.

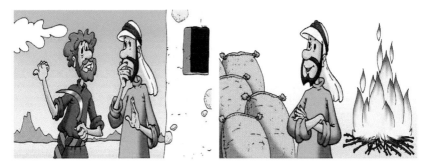

Vinieron entonces los siervos del padre de familia y le dijeron: Señor, ¿no sembraste buena semilla en tu campo? ¿De dónde, pues, tiene cizaña?, Él les dijo: Un enemigo ha hecho esto. Y los siervos le dijeron: ¿Quieres, pues, que vayamos y la arranquemos?, Él les dijo: No, no sea que al arrancar la cizaña, arranquéis también con ella el trigo.

Dejad crecer juntamente lo uno y lo otro hasta la siega; y al tiempo de la siega yo diré a los segadores: Recoged primero la cizaña, y atadla en manojos para quemarla; pero recoged el trigo en mi granero. (MATEO 13: 24-30)

*Explicación: Entonces, despedida la gente, entró Jesús en la casa; y acercándose a él sus discípulos, le dijeron: Explícanos la parábola de la cizaña del campo. Respondiendo él, les dijo: El que siembra la buena semilla es el Hijo del Hombre. El campo es el mundo; la buena semilla son los hijos del reino, y la cizaña son los hijos del malo. El enemigo que la sembró es el diablo; la siega es el fin del siglo; y los segadores son los ángeles. De manera que como se arranca la cizaña, y se quema en el fuego, así será en el fin de este siglo. Enviará el Hijo del Hombre a sus ángeles, y recogerán de su reino a todos los que sirven de tropiezo, y a los que hacen iniquidad, y los echarán en el horno de fuego; allí será el lloro y el crujir de dientes. Entonces los justos resplandecerán como el sol en el reino de su Padre. El que tiene oídos para oír, oiga.( MATEO 13: 36-43)*

## Parábola de las diez vírgenes

En aquel tiempo, dijo Jesús: «Entonces el Reino de los Cielos será semejante a diez vírgenes, que, con su lámpara en la mano, salieron al encuentro del novio. Cinco de ellas eran necias, y cinco prudentes. Las necias, en efecto, al tomar sus lámparas, no se proveyeron de aceite; las prudentes, en cambio, junto con sus lámparas tomaron aceite en las alcuzas. Como el novio tardara, se adormilaron todas y se durmieron. Mas a media noche se oyó un grito: "¡Ya está aquí el novio! ¡Salid a su encuentro!" Entonces todas aquellas vírgenes se levantaron y arreglaron sus lámparas. Y las necias dijeron a las prudentes: "Dadnos de vuestro aceite, que nuestras lámparas se apagan." Pero las prudentes replicaron: "No, no sea que no alcance para nosotras y para vosotras; es mejor que vayáis donde los vendedores y os lo compréis."

Mientras iban a comprarlo, llegó el novio, y las que estaban preparadas entraron con él al banquete de boda, y se cerró la puerta. Más tarde llegaron las otras vírgenes diciendo: "¡Señor, señor, ábrenos!" Pero él respondió: "En verdad os digo que no os conozco. "Velad, pues, porque no sabéis ni el día ni la hora". (Mateo 25, 1-13)

*Interpretación: Todos somos invitados a la Fiesta de bodas, que es el reino de los cielos, el aceite representa las buenas acciones, las buenas obras. El novio representa a Jesús. Hay que estar vigilante todo el tiempo, no basta solo con tener buenas intenciones, hay que hacer buenas obras también, porque el tiempo en que Jesús vuelva nadie sabe ni el día ni la hora, por eso hay que estar preparados con tu lámpara llena de buenas obras y vigilantes, no vaya hacer que nuestras obras no alcancen y no podamos entran al Reino de los Cielos.*

# Parábola del buen samaritano

Un maestro de la ley fue a hablar con Jesús, y para ponerle a prueba le preguntó: –Maestro, ¿qué debo hacer para alcanzar la vida eterna . Jesús le contestó: – ¿Qué está escrito en la ley? ¿Qué lees en ella? El maestro de la ley respondió: –'Ama al Señor tu Dios con todo tu corazón, con toda tu alma, con todas tus fuerzas y con toda tu mente y ama a tu prójimo como a ti mismo. Jesús le dijo: –Bien contestado. Haz eso y tendrás la vida.

Pero el maestro de la ley, queriendo justificar su pregunta, dijo a Jesús: –¿Y quién es mi prójimo? Jesús le respondió: –Un hombre que bajaba por el camino de Jerusalén a Jericó fue asaltado por unos bandidos. Le quitaron hasta la ropa que llevaba puesta, le golpearon y se fueron dejándolo medio muerto. Casualmente pasó un sacerdote por aquel mismo camino, pero al ver al herido dio un rodeo y siguió adelante. Luego pasó por allí un levita, y que al verlo dio también un rodeo y siguió adelante.

Finalmente, un hombre de Samaria que viajaba por el mismo camino, le vio y sintió compasión de él. Se le acercó, le curó las heridas con aceite y vino, y se las vendó. Luego lo montó en su propia cabalgadura, lo llevó a una posada y cuidó de él. Al día siguiente, el samaritano sacó dos denarios, se los dio al posadero y le dijo: 'Cuida a este hombre. Si gastas más, te lo pagaré a mi regreso.' Pues bien, ¿cuál de aquellos tres te parece que fue el prójimo del hombre asaltado por los bandidos? El maestro de la ley contestó: –El que tuvo compasión de él. Jesús le dijo: –Ve, pues, y haz tú lo mismo. (Lucas 10,25-37)

*Interpretación: Jesús en esta Parábola nos da la respuesta de cómo obtener la vida eterna; amar a nuestro señor tu dios con todas tus fuerzas y amar a nuestro prójimo. Se sabe que los judíos y samaritanos eran enemigos, con esto Jesús nos quiere decir que amar a nuestro prójimo no solo es amar a nuestros amigos, si no también amar a nuestros enemigos, esto representa un verdadero sacrificio y tiene más valor para nuestro señor. Amemos a nuestro prójimo así como Jesús nos amó que fue capaz de dar su vida por nosotros.*

# Parábola de la lámpara

También les dijo: ¿Acaso se trae una lámpara para ponerla bajo un cajón o debajo de la cama? No, una lámpara se pone en alto, para que alumbre. De la misma manera, no hay nada escondido que no llegue a descubrirse, ni nada secreto que no llegue a ponerse en claro. Los que tienen oídos, oigan. (Marcos 4:21-23)

*Interpretación: Jesús es la luz del mundo, cuando aceptamos seguirlo y creer en él, somos una lámpara más que se enciende con el espíritu santo, no debemos esconderlo o ocultarlo, debemos propagar el evangelio predicando la palabra del señor a cada persona que esté en oscuridad y necesita la luz del espíritu santo.*

## Parábola de las medidas

Les dijo también: 'Mirad lo que oís; porque con la medida con que medís, os será medido, y aun se os añadirá a vosotros los que oís. Porque al que tiene, se le dará; y al que no tiene, aun lo que tiene se le quitará'. (Marcos 4:24-25)

*Interpretación: Jesús nos advierte que debemos prestar mucha atención a lo que oímos o leemos de las escrituras ya que si escuchamos o entendemos mal así mismo lo trasmitiremos a los demás. De la misma manera como tratemos a los demás, con la misma exigencia que nosotros imponemos nuestros criterios, Sera la medida como Dios nos va a exigir a nosotros también. Aquellas personas que estudian las enseñanzas con mente y corazón abiertos pueden esperar de él mayor comprensión. Sin embargo las personas que no usen el poco conocimiento que tengan para obtener mayor crecimiento espiritual deben esperar la perdida de la poca comprensión que ya poseen.*

## Parábola del Fariseo y el Republicano

En aquel tiempo, dijo Jesús esta parábola por algunos que se tenían por justos y despreciaban a los demás: Dos hombres subieron al templo a orar; uno fariseo, otro publicano. El fariseo, de pie, oraba en su interior de esta manera: "¡Oh Dios! Te doy gracias porque no soy como los demás hombres, rapaces, injustos, adúlteros, ni tampoco como este publicano. Ayuno dos veces por semana, doy el diezmo de todas mis ganancias." En cambio el publicano, manteniéndose a distancia, no se atrevía ni a alzar los ojos al cielo, sino que se golpeaba el pecho, diciendo: "¡Oh Dios! ¡Ten compasión de mí, que soy pecador!" Os digo que éste bajó a su casa justificado y aquél no. Porque todo el que se ensalce, será humillado; y el que se humille, será ensalzado. (Lucas 18, 9-14)

*Interpretación: Jesús nos enseña la forma correcta de orar, hay personas que oran solamente para que los demás escuchen y no para Dios de una forma orgullosa y criticando a los demás. Hay que orar de manera humilde aceptando que todos somos pecadores y tenemos nuestras faltas contra Dios. La oración debe ser solo una comunicación privada con Dios, no es necesario que los demás la escuchen. Dios nos ama a todos nosotros no importa el nivel social o de educación que tengamos, lo que realmente importa es el arrepentimiento humilde, sincero y verdadero en nuestros corazón y que divulguemos la palabra del señor.*

## Parábola del rico insensato

Le dijo uno de la multitud: Maestro, di a mi hermano que parta conmigo la herencia. Mas él le dijo: Hombre, ¿quién me ha puesto sobre vosotros como juez o partidor? Y les dijo: Mirad, y guardaos de toda avaricia; porque la vida del hombre no consiste en la abundancia de los bienes que posee. También les refirió una parábola, diciendo: Los campos de un cierto hombre rico habían producido mucho. Y él pensaba dentro de sí, diciendo: ¿Qué haré, porque no tengo dónde guardar mis frutos? Y dijo: Esto haré: derribaré mis graneros, y los edificaré mayores, y allí guardaré todos mis frutos y mis bienes; y diré a mi alma: Alma, muchos bienes tienes guardados para muchos años; repósate, come, bebe, regocíjate. Pero Dios le dijo: Necio, esta noche vienen a pedirte tu alma; y lo que has provisto, ¿de quién será? Así es el que hace para sí tesoro, y no es rico para con Dios. (Lucas 12:13-21)

*Interpretación: Jesús nos enseña con sus palabras que con los bienes que somos bendecidos no son para que los acumulemos, sino para ser compartidos, debemos tener claras nuestras prioridades primero que todo debe ser Dios, de nada vale que pasemos la vida atesorando riquezas y bienes, si no tenemos tiempo para atesorar riquezas para Dios. En el momento en que mueras y venga El juicio final de nada valdrá toda tu fortuna, solo te servirá las buenas acciones, tu comunión con Dios, cuantas veces ayudaste a tu prójimo.*

## Parábola del hijo prodigo

Un hombre tenía dos hijos. El menor dijo a su padre: "Padre, dame la parte de la herencia que me corresponde." Y el padre les repartió la herencia. A los pocos días el hijo menor reunió todo lo suyo, se fue a un país lejano y allí gastó toda su fortuna llevando una mala vida.

Cuando se lo había gastado todo, sobrevino una gran hambre en aquella comarca y comenzó a padecer necesidad. Se fue a servir a casa de un hombre del país, que le mandó a sus tierras a cuidar cerdos. Gustosamente hubiera llenado su estómago con las algarrobas que comían los cerdos pero nadie se las daba.

Entonces, reflexionando, dijo: " ¡Cuántos jornaleros de mi padre tienen pan de sobra, mientras que yo aquí me muero de hambre! Me pondré en camino, volveré a casa de mi padre y le diré:" Padre, he pecado contra el cielo y contra ti. Ya no merezco llamarme hijo tuyo, trátame como a uno de tus jornaleros." Se puso en camino y fue a casa de su padre. Cuando aún estaba lejos, su padre lo vió y se conmovió. Fue corriendo, se echó al cuello de su hijo y lo cubrió de besos. El hijo comenzó a decir: " Padre, he pecado contra el cielo y contra tí. Ya no merezco llamarme hijo tuyo." Pero el padre dijo a sus criados: "Traed enseguida el mejor vestido y ponédselo; ponedle también un anillo en la mano y sandalias en los pies. Tomad el ternero cebado, matadlo y celebremos un banquete de fiesta, porque este hijo mío había muerto y ha vuelto a la vida, se había perdido y ha sido encontrado." Y se pusieron todos a festejarlo. El hijo mayor estaba en el campo y, al volver y acercarse a la casa, oyó la música y los bailes. Llamó a uno de los criados y le preguntó qué significaba aquello.

Y éste le contestó: ¨Ha vuelto tu hermano y tu padre ha matado el ternero cebado porque lo ha recobrado sano.¨

El se enfadó y no quiso entrar y su padre salió y se puso a convencerlo. Él contestó a su padre: Hace ya muchos años que te sirvo sin desobedecer jamás tus órdenes, y nunca me diste ni un cabrito para celebrar una fiesta con mis amigos. Pero llega este hijo tuyo, que se ha gastado tu patrimonio con prostitutas, y tú le matas el ternero cebado.¨

El padre le respondió: ¨Hijo, tú estás siempre conmigo y todo lo mío es tuyo. Pero tenemos que alegrarnos y hacer fiesta porque este hermano tuyo estaba muerto y ha vuelto a la vida; estaba perdido y ha sido encontrado.¨(Lucas 15, 11-32)

*Interpretación: Dios es nuestro padre que nos ama infinitamente, Él nos da la libertad de elegir si seguimos con él o nos marchamos y tomamos el camino del pecador con todos sus vicios y tentaciones. Cuando estamos en el camino de la perdición, caemos en la miseria y nos damos cuenta que estando en la casa de nuestro señor es donde estaremos realmente bendecidos y nos arrepentimos y humillados le pedimos perdón, y Dios nos ama tanto que nos acepta de regreso sin dudarlo. EL hermano mayor representa aquellos que siempre han estado en el camino del señor y como siempre han estado, creen que merecen lo mejor y se sienten superiores a un pecador arrepentido. Pero el señor nos ama a todos por igual no importa si en algún momento de tu vida te perdiste del camino del señor, si en tu corazón hay arrepentimiento sincero y verdadero Dios te recibirá con los brazos abiertos y también te dará lo mejor de su reino.*

## Parábola de la gran cena

Oyendo esto uno de los que estaban sentados con él a la mesa, le dijo: Bienaventurado el que coma pan en el reino de Dios. Entonces Jesús le dijo: Un hombre hizo una gran cena, y convidó a muchos. Y a la hora de la cena envió a su siervo a decir a los convidados: Venid, que ya todo está preparado. Y todos a una comenzaron a excusarse. El primero dijo: He comprado una hacienda, y necesito ir a verla; te ruego que me excuses.

Otro dijo: He comprado cinco yuntas de bueyes, y voy a probarlos; te ruego que me excuses. Y otro dijo: Acabo de casarme, y por tanto no puedo ir. Vuelto el siervo, hizo saber estas cosas a su señor.

Entonces enojado el padre de familia, dijo a su siervo: Ve pronto por las plazas y las calles de la ciudad, y trae acá a los pobres, los mancos, los cojos y los ciegos. Y dijo el siervo: Señor, se ha hecho como mandaste, y aún hay lugar. Dijo el señor al siervo: Ve por los caminos y por los vallados, y fuérzalos a entrar, para que se llene mi casa. Porque os digo que ninguno de aquellos hombres que fueron convidados, gustará mi cena. (Lucas 14:15-24)

*Interpretación: El hombre que prepara la cena es nuestro creador Dios, el cual nos invita a participar de la gran cena de las bodas del cordero. El siervo que es enviado representa a Jesús, que es enviado a hablar del evangelio a todos, invitándonos a que nos arrepentimos de nuestros pecados para poder entrar a la gran cena en el reino de los cielos. Jesús nos hace el llamado pero muchos ponemos excusas y no queremos dejarlo todo para irnos con él, siendo Jesús el único camino. Jesús nos sigue llamando insistiendo que aceptemos su invitación, no debemos poner excusas a la invitación del señor, porque llegara el momento en que la invitación ya no este y otros ocuparan ese lugar. El desea que llenemos su casa en el reino de los cielos.*

v. valenzuela

Made in the USA
Coppell, TX
24 October 2021